A **Rookie** reader® español

MÁQUINAS GRANDES

Escrito por Melanie Davis Jones
Ilustrado por Doreen Gay-Kassel

Children's Press®
Una división de Scholastic Inc.
Nueva York • Toronto • Londres • Auckland • Sydney
Ciudad de México • Nueva Delhi • Hong Kong
Danbury, Connecticut

**Para mi padre, que ha manejado muchas máquinas
grandes, y para mis hijos, a quienes les encanta verlas**
—M.D.J.

Para Lewis, mi conductor favorito
—D.G.-K.

Especialistas de la lectura

Linda Cornwell
Especialista en alfabetización

Katharine A. Kane
Especialista en educación
(Jubilada de la Oficina de Educación del Condado de
San Diego, California, y de la Universidad Estatal de San Diego)

Traductora
Isabel Mendoza

Información de Publicación de la Biblioteca del Congreso de los EE.UU.

Jones, Melanie Davis.
  Máquinas grandes / escrito por Melanie Davis Jones ; ilustrado por
Doreen Gay-Kassel.
    p. cm. — (Rookie español)
Resumen: Una sencilla introducción a las grandes máquinas —tractores,
excavadoras, apisonadoras y grúas—y a las tareas que ejecutan.
  ISBN 0-516-25887-7 (lib. bdg.)   0-516-24614-3 (pbk.)
  1. Maquinarias pesadas—Literatura juvenil. [1. Maquinarias pesadas. 2. Materiales
en español.] I. Gay-Kassel, Doreen, il. II. Título. III. Series.
  TA725.J6618 2003
  629.225-dc21

                    2003000018

Un tractor hala.

Un tractor ara.

Un tractor lleva el heno al ganado.

Una excavadora cava.
Una excavadora descarga
la tierra.

Una excavadora saca tres grandes tocones.

Una apisonadora
apisona la tierra.
Una apisonadora
alisa el pavimento.

Una apisonadora rellena
enormes huecos.

Una grúa alta
levanta troncos.
Una grúa alta carga
grandes pesos.

Estas máquinas grandes
remueven la tierra.

Una grúa alta ayuda
a construir carreteras.

Estas máquinas grandes son fuertes y resistentes.

Lista de palabras (44 palabras)

a	construir	hala	remueven
al	de	heno	resistentes
alisa	descarga	huecos	saca
alta	el	la	son
apisona	enormes	levanta	tierra
apisonadora	estas	lleva	tocones
ara	excavadora	los	tractor
ayuda	fuertes	máquinas	tres
carga	ganado	pavimento	troncos
carreteras	grandes	pesos	un
cava	grúa	rellena	una

Sobre la autora

Melanie Davis Jones creció en una granja de Georgia. Allí vio a su padre conducir tractores, cosechadoras, excavadoras y muchas otras máquinas grandes. La señora Jones es ahora maestra y escritora para niños. Además, ella y su esposo construyen casas. Mientras están en las construcciones, sus hijos disfrutan jugando con la tierra y viendo las máquinas en acción. De ahí surgió la idea de este libro.

Sobre la ilustradora

Doreen Gay-Kassel se pasa el día trabajando con arcilla en su estudio, en una enorme casa antigua que comparte con sus talentosos hijos y esposo, y con Rosie, su excéntrica perra Jack Russel Terrier.